澳門神香業

Sector de Incenso de Macau

澳門知識叢書

澳門神香業

蔡珮玲

三聯書店（香港）有限公司
澳門基金會

責任編輯　楊　帆

裝幀設計　鍾文君

叢 書 名　澳門知識叢書

書　　名　澳門神香業

作　　者　蔡珮玲

圖片提供　吳衛鳴

聯合出版　三聯書店（香港）有限公司

　　　　　香港鰂魚涌英皇道1065號1304室

　　　　　澳門基金會

　　　　　澳門民國大馬路6號

香港發行　香港聯合書刊物流有限公司

　　　　　香港新界大埔汀麗路36號3字樓

印　　刷　深圳市德信美印刷有限公司

　　　　　深圳市福田區八卦三路522棟2樓

版　　次　2009年11月香港第一版第一次印刷

規　　格　特32開（120mm×203mm）76面

國際書號　ISBN 978-962-04-2899-9

總序

　　對許多遊客來說，澳門很小，大半天時間可以走遍方圓不到三十平方公里的土地；對本地居民而言，澳門很大，住了幾十年也未能充份了解城市的歷史文化。其實，無論是匆匆而來、匆匆而去的旅客，還是"只緣身在此山中"的居民，要真正體會一個城市的風情、領略一個城市的神韻、捉摸一個城市的靈魂，都不是一件容易的事情。

　　澳門更是一個難以讀懂讀透的城市。彈丸之地，在相當長的時期裡是西學東傳、東學西漸的重要橋樑；方寸之土，從明朝中葉起吸引了無數飽學之士從中原和歐美遠道而來，流連忘返，甚至終老；蕞爾之地，一度是遠東最重要的貿易港口，"廣州諸舶口，最是澳門雄"，"十字門中擁異貨，蓮花座裡堆奇珍"；偏遠小城，也一直敞開胸懷，接納了來自天南海北的眾多移民，"華洋雜處無貴賤，有財無德亦敬恭"。鴉片戰爭後，歸於沉寂，成為世外桃源，默默無聞；近年來，由於快速的發展，"沒有什麼大不了的事"的澳門又再度引起世人的關注。

這樣一個城市，中西並存，繁雜多樣，歷史悠久，積澱深厚，本來就不容易閱讀和理解。更令人沮喪的是，眾多檔案文獻中，偏偏缺乏通俗易懂的讀本。近十多年雖有不少優秀論文專著面世，但多為學術性研究，而且相當部份亦非澳門本地作者所撰，一般讀者難以親近。

有感於此，澳門基金會在 2003 年"非典"時期動員組織澳門居民"半天遊"(覽名勝古跡) 之際，便有組織編寫一套本土歷史文化叢書之構思；2004 年特區政府成立五周年慶祝活動中，又舊事重提，惜皆未能成事。兩年前，在一批有志於推動鄉土歷史文化教育工作者的大力協助下，"澳門知識叢書"終於初定框架大綱並公開徵稿，得到眾多本土作者之熱烈響應，踴躍投稿，令人鼓舞。

出版之際，我們衷心感謝澳門歷史教育學會林發欽會長之辛勞，感謝各位作者的努力，感謝徵稿評委澳門中華教育會副會長劉羨冰女士、澳門大學教育學院單文經院長、澳門筆會副理事長湯梅笑女士、澳門歷史學會理事長陳樹榮先生和澳門理工學院公共行政高等學校婁勝華副教授以及特邀編輯劉森先生所付出的心血和寶貴時間。在組稿過程中，適逢香港聯合出版集團趙斌董事長訪澳，知悉他希望尋找澳門題材出版，乃一拍即合，成此聯合出版之舉。

　　澳門，猶如一艘在歷史長河中飄浮搖擺的小船，今天終於行駛至一個安全的港灣，"明珠海上傳星氣，白玉河邊看月光"；我們也有幸生活在"月出濠開鏡，清光一海天"的盛世，有機會去梳理這艘小船走過的航道和留下的足跡。更令人欣慰的是，"叢書"的各位作者以滿腔的熱情、滿懷的愛心去描寫自己家園的一草一木、一磚一瓦，使得吾土吾鄉更具歷史文化之厚重，使得城市文脈更加有血有肉，使得風物人情更加可親可敬，使得樸實無華的澳門更加動感美麗。他們以實際行動告訴世人，"不同而和，和而不同"的澳門無愧於世界文化遺產之美譽。有這麼一批熱愛家園、熱愛文化之士的默默耕耘，我們也可以自豪地宣示，澳門文化將薪火相傳，生生不息；歷史名城會永葆青春，充滿活力。

吳志良

二○○九年三月七日

目錄

導言

　　燒香，或稱焚香，是從古代的祭禮中繼承下來的。古代中國人在祭祀神靈和祖先時，往往要將祭品或者單單是某些植物放火焚燒，使之產生濃煙，認為可藉香煙通達神靈。在宗教上，隨着儒、釋、道教相融，燒香幾乎已成了東方信仰中必備的敬神方式，香也就從塊狀、球狀，演變成今天的條狀。龐大的使用量，使製香因需求而發展成為一項古老而重要的傳統行業。

　　澳門製香業敬奉的祖師是燃燈佛，行內人稱他為燃燈佛祖（燃燈佛又名錠光佛，在佛教中是過去佛之一）。相傳他生時身上光亮如燈，所以名燃燈，後來成佛亦以燃燈為號，更是教人燒香敬佛的佛，故尊他為祖師。製香業師父誕，是每年農曆八月二十二日。在以往，大規模的製香工廠通常會舉行一些簡單的儀式祭祀，還會設下酒席，作為廠內工人的聯歡聚會。而小規模的工廠也會簡單舉行祭祀，有時甚至不會有特別的儀式舉行。至於澳門的香業東主因設立了香業商會，故此，在師父誕當天下午二時，一眾香業商人會帶備燒肉和雞等，自發在商會內舉行祭祀儀式。昔日商會會址在沙梨頭近現今水上街市，後來，更在新橋柯利維喇街購置了會址。

澳門的製香業，還生產有燃點炮仗用的引火香、驅蚊及蛇蟲鼠蟻用的蚊香、抽水煙筒用的水煙香、近代嬉皮士愛點的加上不同水果味的五色香，更有放在廚房辟氣味用的香等等，而神香業因需求殷切，佔了市場的大部分生產和銷售額，便成為製香業的代名詞。

昔日澳門神香業的發展，情況大致有以下幾點：

● 在 1950—1970 年代中，澳門的製香業曾取代了中國大陸主導的市場地位，當時大小製香廠多達 40 餘家，其中規模最大的，首推陳聯馨、梁永馨、永吉馨及永常吉，合稱四大廠家。

● 中國內地抗日戰爭全面爆發後，大批內地居民流入澳門，澳門人口猛增至二十四萬五千一百九十一人，其中華人 二十三萬九千八百零三人，佔總數百分之九十七點八。澳門神香業大為發展，計有十九家神香店，貿易額達一千五百萬澳門元，以陳聯馨（聯興號）為最大。

● 據 1959 年初的澳門報章報導，年近歲晚，香莊生意更為興旺，因各香莊所接外洋訂單，大多要在農曆年底前交貨，香莊忙於趕貨，除加開夜工、加設工場外，更招請臨時工人。已增設工場的有十月初五日街的萬里香莊，而丁財貴香莊亦計劃在沙梨頭區增設工場，各大小香莊均開夜工。本澳原有香業工人數千，但因前數年澳門神香業曾停工和工資微薄，令大批工人轉業或赴香港謀生，留澳者只有二千人左右，所以在年底趕工之時，香莊工人不敷應用，呈現人力不足現象，可見當年神香業之好景。

● 澳門的香莊多是數代相傳，家族經營，堪稱為澳門的傳統行業。

● 在澳門從事神香業者多來自新會，據《新會縣誌》記載，早在明朝年間新會小岡鎮已開始生產香，一直延續至今，大約已有六百多年歷史。

- 神香業的零售店舖多集中於當時商業最旺盛的十月初五日街和提督馬路一帶。

- 1958—1959 年的澳門工商年鑑刊登的大小香莊及香舖共七十三間，可見其興旺程度。

- 製香廠多集中在沙梨頭、田畔街及下環街一帶，由於澳門廟宇前必有空地，神誕時在此地搭戲棚演出神功戲，平時則被利用作曬場，如沙梨頭土地廟前地、新橋蓮溪廟前地、下環街水師廠（即港務局）與河邊新街之間曠地、十月初五日街康公廟前地，加上當時的樓房多為兩層高，於是天台和空地便成為曬香場所。

- 凡搓香必須要經天然（強烈陽光）曬香，不能用人工焗房烘焙，否則整枝香會有霉味及潮濕感覺。故此，在 1980 年代前，澳門雖然開設了不少大型製香廠，神香還是供不應求，因為一年之中，上半年較多天雨或天陰，神香產量有所限制，反之，下半年陽光猛烈及乾燥天氣較多，於是這段時間神香可以大量生產。

● 生產神香的工人多是年紀較大的女工，工資是計件制，即搓香以千枝計，淋香則以擔斤計。

● 神香業與火柴業、炮竹業一樣，將部分工序外發給一般家庭加工，婦孺成為澳門傳統手工業的補充力量。

● 香莊將原料和其他配料調配成香，做成各種不同香味的神香，以迎合不同顧客的喜好，尤其是加上中藥材的香，燃點後，發出的香味聞起來令人有安寧或舒緩的感覺，著名的有陳聯馨的雪梨香，即以澳洲雪梨所生產的檀香研製而成。

香在現代社會，功能面逐漸擴大，煮茶品茗，燃點一炷香；彈奏古箏時，放置一燃點沉香或檀香的香爐，樂聲、馨香交融，襯托出一個如夢如詩的意境。香在當今社會好像慢慢脫離祭祀納福的宗教層面，步入人們的日常生活當中，為緊張的生活，營造出更悠閒寫意的空間和情趣。觀乎大陸、台灣、香港和澳門以至全世界，使用香的國家和地區實在太多，譬如新加坡、泰國、柬埔寨、越南、日本、印度、尼泊爾、不丹以至西方國家，因此製香這門古老的行業絕對不可能淪為夕陽產業或沒落行業，只是在科技的進步之下，百業革新，機器代替人工，傳統手工製香業，演變為更多利用機器而已，沒落的是因地區發展而受到淘汰的傳統手工製香業！

神香業興衰

民間的"酬神"，或稱"還神"——進廟燒香

　　澳門，在四百多年前已是繁榮商埠，所有中外貿易皆以澳門為交易中樞，各式買辦和商賈都會選擇在澳門開設店舖，經營生意，興旺景況一時無兩。到了近代，商業逐漸被中國其他沿海開放城市取代，漁業、神香、炮竹及煙草等手工製造業成為澳門生產及出口的支柱產業。其中製造神香這個行業，經已在澳門存在了一百多年，所出產的神香祭品，除了滿足本地的需求之外，產品更遠銷至香港及東南亞。在這一個多世紀以來，神香業可說是見證了澳門各業的發展。它與造船、火柴、炮竹合稱為澳門四大傳統手工業，是昔日澳門經濟的重要支柱。

　　據 1932 年澳門年鑑關於神香與蠟燭之記載謂："製造神香與蠟燭之實業，其出品係供拜神之用，近奉中國南京政府命令干涉，殊與此行實業有礙，但千百年間之風氣如此，而中國人民又素富保守性質，一難改變，故神香業及蠟燭製造廠不致遽然停止，吾人可抱樂觀也。查澳門神香店約有十家，蠟燭店約有七家，共用男女工人數百名。至製香之原料則以竹枝及香料（香料係用檀香或別種香木）暨膠質為主，俱由廣州及內地運入，但檀香則自地捫或荷屬群島運入，其出品每年約壹百萬銷往星加波（坡）、澳州（洲）、舊金山、小呂宋等地，各廠以梁永馨、廣興、梁泰梧、陳聯馨、永吉馨、芝蘭馨、永盛球、同福昌、廣永馨、文符祥等為最有名。至蠟燭則只銷售於本澳及附近各地，以宋道號最有名，每年出產約貳萬元。"

　　澳門生產的神香分本銷和外銷市場，一直以來，本銷的對象是求神禮佛的水上漁民、華人家庭和華人店舖東主，也有廟宇及齋堂等，而主要出口則是到香港及東南亞一帶，眾多華人聚居的國家。到現在，由於漁業式微，水上漁民日少，購買神香的數量，自然也比從前減少了許多，比較穩定的銷量，來自家庭供奉祖先和門口土地財神、店舖每日開門營業時的上香等。

　　此外，銷量最多是中國的傳統節日以及神誕，如農曆正月的新年，華人會上廟宇求神祈福，也有酬神，為的是感謝神靈在過去一年，保祐家人平安、事事順利或生意順

神香 ——祭天地及拜神的必備品

遍佈澳門街頭的福德祠

遂等；三月的清明節，親族子孫到祖先墓前，打掃墓地，
祭拜焚香，表達慎終追遠之意，此項祭祀形式和活動是代
代相傳；七月盂蘭節相傳是鬼月，七月初一鬼門關大開到
三十日鬼門關關閉這段日子裡，陰間的無主孤魂都會湧到
陽間找東西吃，所以人們誦經作法普渡孤魂，祈求鬼魂幫
助治病和保祐家宅平安，並於入黑後，帶備香燭、金銀衣
紙和一些祭品在路邊拜祭。在眾多習俗中，燒頭炷香至為
重要，尤其是新年的第一炷香，信眾認為功德最大，可以

獲福最多，所以常常爭燒第一炷香。燒頭炷香的時間在凌晨，但一般善信在午夜之前就已在廟前等候，為求達成燒頭香的心願。以前，許多傳統的家庭都會在家中的廚房供奉灶君，而在一些專業的廚房也都設有灶君的神位，以求避開火災及各種不幸事件之發生，而因為傳說灶君乃是主管飲食之神，為了感謝和頌揚灶君的功德，故此，每逢初一、十五，無論家庭主婦或職業廚師都向灶君上香；每屆年底，灶君要返回天庭向玉帝匯報人間善惡功過，於是家家戶戶在他臨行前，拜祭一番，稱為"謝灶"，為求他向玉帝說好話。而現時的澳門，已甚少人遵照舊俗在初一、十五拜祭灶君，只有在年底時，才會準備香燭祭品"謝灶"。在澳門，年三十晚或年二十九晚，善信們便湧往媽閣廟爭上頭炷香，新的一年的第一炷香，故當晚的神香銷量驚人，在媽閣廟宇前地，更特設售賣香燭攤檔，為方便信眾參神，且有善信願購買售價不菲、超逾人高的長壽香來祈福參拜，讓人覺得神香的售價愈高，虔誠的指數便愈高。而每年的觀音誕即正月廿六日，望廈普濟禪院（觀音堂）例必擠滿善信，因當日為觀音開庫之日，善信們都希望成功向觀音借得財富，祈求新一年可以財源廣進、財運亨通。按傳統習俗，觀音開庫，有借有還，一年後要回來還神，才可再借，神香成為禀告神靈之必需品，銷路自然暢旺。單是這幾個神誕，已令神香的銷量保持穩定，歷久不衰，並因有年輕善信的加入，使神香銷量也隨之大有增長。

此外，傳統的節日如清明節、端午節、乞巧節（七姐誕）、中秋節、重陽節和冬至等，加上嶺南地方流行的道教祭祀，如拜睡佛、太歲及各種神誕等，都離不開神香禮拜，使澳門生產的神香維持穩定的銷售量。

望廈普濟禪院（觀音堂）

1938—1945 年

抗日戰爭期間，澳門雖然沒有受到戰火摧殘，但神香業亦曾一度停頓，直至戰後才恢復生產，此時工人亦有千多人，仍有所發展，其中以陳聯馨等幾家營利最大，並兼生產蚊香，遠銷南洋、非洲、澳洲等地。據統計，1946—1948 年，神香業產量由一百六十二噸增至四百八十八噸，增長了三倍。雖然正值第二次世界大戰爆發，戰事頻頻，各地動盪不安，但海外仍然有很多礦場運作以保持礦產之供應，而礦工需要大量神香來驅趕蛇蟲鼠蟻及用以祈求上蒼，保祐平安和事事順利大吉，故對神香需求極大。同時，中國大陸正處於抗日戰爭之中，大部分工廠被迫停工，使澳門的製香業乘勢暫代了它的地位，在此消彼長之下，澳門的生意額大增，這時澳門製香廠多達二十餘家，工人三千以上，每年產值約二百五十萬葡幣。其中以梁永馨、陳聯馨、梁大馨等香廠規模最大，另外，陳蘭馨、陳廣馨、吉祥馨、永吉馨、永常馨、如蘭馨、芝蘭馨等也甚為馳名，這是澳門神香業開始興旺的時期。

最近本澳經濟廳放於
本月八日執行出口證書之
新例：出口證書，每張祇
能限用一次，此乃對本澳
許多行業，尤其是對神香
業及分業陳述困難。據神香業商會及陳伯頓之
代表意見，謂先後對分及
總商會，狀態，亦即打擊
許多行業，尤其是神香業
及香粉，玉扣紙等打擊，
甚為深遠重大，尤對本澳所受之打擊，尤其
一次，此舉對許多行業，
更大，此種影響甚大，尤
其對本澳所受之打擊尤大

致函商會及何賢陳迨困難

神香業大受打擊

出口貨新例實施後

（報紙剪報，直排文字）

致政府機關星期六日午
及星期日照假或星期六
代為寄船者，因規定
所為，亦為爭取時間，
所為，本為縮減院用外間
為各廠縮短院用
赤不煩其煩。（四）抑
貨（價值不多）指定

神香如下：（一）本
澳製香及九龍超四郎
等主要銷香，坭坭
行業，謂此例一旦
實施，影響甚大，尤
其神香為本澳出口大
宗（二）此例對多出口
貨物，影響甚大次

1960 年代報紙指神香業漸走下坡

1949—1980 年

　　1949 年，新中國成立，在建國初期一段長時期呼籲群
眾破除迷信，"除四舊，立四新"，到 1970 年代初，政治運
動頻仍，文化大革命席捲全國，全國人民響應號召，拜神
燒香等被視為迷信而被禁止和摒棄，內地的神香生產停頓
下來。澳門因擁有大量廉價勞動力，工人薪金及生活水平
相對較低，住房需求少，地價便宜，有大量的空地，適合
作生產神香及曬香之用，而且地連中國大陸，製香材料從
內地運送來澳，極之方便，加上神香之主要出口地區多集
中於東南亞一帶，港澳對外交通運輸方便，不輸於中國大
陸，故此，在內地製香廠停止生產的情況下，澳門製香廠

得以取代其生產地位，在天時、地利條件相配合之下，澳門製香業得到很大的發展，增設造香工場，街道空地用作曬香，極為普遍，澳門進入了神香業的高速增長時期。

1980 年至今

到 1980 年代初，隨着中國大陸實施開放政策，內地製香業恢復生產，澳門製香業逐漸衰落。這是因為中國大陸的工人薪金、土地價格比澳門低廉約八成，而澳門也因人口增多，住房需求帶動土地價格，土地大幅減少，加上法例管制較嚴格，使各類成本上漲，而製香業大部分工序以人手製作、技術要求低、工作環境差、工資不高，故此難吸引新人入行，沒有人承繼，而且這時的香港經已發展為相當成熟的商業城市，成為澳門製香業的"洋莊"（製香業術語，指出入口商行），澳門生產的神香均需取道香港出口，在種種不利情況之下，造香工場遂逐漸減少，不少香莊生意在難以維持下結束，其他的是改變經營模式，將整個生產工場遷移中國大陸，在澳門則保留門市作銷售。例如，昔日在澳門製香業中規模最大的陳聯馨香莊，在 1983 年澳門地產發展蓬勃的時候，便將佔地廣闊的製香工場賣給發展商改建新廈，就是基於土地價格昂貴，不適用於價格低、佔用土地廣，而利潤相對少的製香業上，於是將生產線遷往中國內地，但卻維持出口及門市生意，並以香港作為重心。另一個影響製香業衰落的因素是這時的澳門工業正從手工業轉型進入技術工業，大量年輕勞動力都投入針織及製衣業等新興工業，加上澳門被列作待發展地區，擁有紡織產品配額優惠，香港廠商把握商機，紛紛來澳設廠生產，令針織及製衣業迅速發展，在 1980 年代成為澳門最重要的經濟產業。

澳門製香業走向下坡和式微的另外一個原因，就是所有家族企業，如當時的炮竹、火柴、釀酒、茶莊等等普遍面對的問題，由家族所創立、擁有、控制和繼承，權力集中，由家族地位最高的成員擔任決策，非家族成員不列作企業核心，在"傳子不傳賢"的傳統下，多採用任人唯親的用人方式，故此易使決策質素走向低下；不少家族企業以家規作內部管治而非遵從現代商業的規則，往往導致其專業水準偏低；有志的第二代認為父輩們所從事的行業只能賺取加工利潤，辛苦，沒有挑戰性或已是黃昏行業，對接管家族生意興趣不大，他們更希望靠自己能力和興趣創業，再加上一些不成器或能力不高的第二代，往往使

不同品類的神香

家族企業走向衰敗。根據美國一所家族企業學院的研究顯
示，約有百分之七十的家族企業未能傳到下一代，百分之
八十八未能傳到第三代，只有百分之三的家族企業在第四
代及以後還在經營，可見家族企業在經營上存在極大缺
憾。因此，依靠原有家族的力量，特別是經營決策的控
制，對家族企業的生命周期的存續，是一個極為嚴峻的問
題。不單是古老的傳統製香業，也是大多數家族企業、
全球家族企業共同面對的問題。加上同業競爭（改革開放
後，初期有不少外來的製香業者將生產工場轉入中國內
地，時至今天，更有內地資金自行發展製香業，成立了不
少大型製香企業，大部分工序採用機械化生產。越南在改

革開放後，不少外國企業在當地投資設廠生產神香，這是因為越南的各項成本價低，也生產製香原料之故，吸引了包括日本在內的企業前往該地設廠），新產品的出現和取代（如電香，不能燃點，只是外形是條香狀，其實是通電流的燈），使產品銷量難以保持一定增長。

由於供奉祖先神靈的習俗沒有改變，上述所指式微的意思可解釋為用香數量的減少，現在多是年輕人買香，這是由於自少目染耳濡影響所致。還有的是經營香業與其他行業不同，價格的便宜與否，並非消費者最大的考慮因素，這也是不少經營者不易輕言轉業的原因。時至今天，中國內地神香業發展甚為興盛，主要是人們為了心願達成，往往求諸於拜神燒香，在現今社會各階層收入普遍增加的情況下，令不少人願意花費更多金錢來購買神香。此外，製香業改用機械化設備，減少了不少人力，使產量大大提高，出口銷量大增，神香業發展，愈來愈蓬勃。

有興隆

HENG LONG

老字號的故事

設於香港的陳聯馨棧

20 世紀初期,澳門神香業一直十分興旺,當時家家戶戶都有人從事火柴、炮竹、神香這些手工業,它們開業並不需要很多資金,是比較容易入行的生意。

長期以來,澳門的製香業一方面自行創造品牌,另一方面也接受客戶要求生產,是集外銷、零售和生產一體化的傳統手工業。除設有廠房製香、曬香之外,也設店舖作門市批發及零沽,20 世紀中葉,便以客船,如大來、德星輪等,將製成品運往香港,轉口往海外各國,形成了澳門本土的特有品牌。

陳聯馨香莊

清光緒三年 (1877 年) 的陳聯馨香莊,來自新會陳沖的陳燕堂創辦了陳聯馨香莊。時陳燕堂家鄉發生械鬥,因此走避而來到澳門,並認為只有營商方可致富,於是從當小販起家到開辦陳聯馨香莊,在田畔街與青草街交界處自設廠房,在十月初五日街設總行,其後發展到在香港上環設分行陳聯馨棧。顧名思義,當時的田畔街只是一片農田,

注重設計的梁永馨神香中藥商標和宣傳廣告

田畔意指田地的旁邊，青草街則是一片草地。為方便交通
運輸貨物，陳燕堂自行開闢馬路，兩地經開發後，就以田
畔及青草作街道名稱，繼而興建多幢木樓房，包括為長子
興建兩幢花園式樓房，為其他兒女各建一幢單層木房，整
個家族在此聚居，有廠房，有住宅，儼然一個小社區。

　　製香廠生產方面，可說是一體化生產，即是將生產所
需的設備盡可能自行設計及製造，如在田畔街的廠房開鑿
一口大井，設自動抽水系統將水分別注入百多個搓料盆，
每名女工均設獨立搓料盆，盆以水泥打造。電力方面，亦
是自行發電，廠房內所有工作台均安裝上電燈，解決了晚
上工人加班的照明問題。因為城市電力供應不足，政府為
免釀成火災，也禁止廠方燃點蠟燭照明，在煤油燈仍然大
行其道的時代，可知陳聯馨製香廠耗電量之大。他們還聘
用技師，稱"大佬"，專責管理發電機，於是廠房四周的住
宅也有電力供應。有自來水，有發電機自行發電，在當年
以手工業為主的澳門企業來說，陳聯馨香莊的規模可說是
十分龐大。

　　生產管理方面，陳聯馨香廠為照顧女工的家庭作息
生活，不規限上、下班時間，如需要回家燒飯，可隨時回
去，同時容許她們的子女在廠房空地做功課和玩耍，因為

自由度大，加上糧期準，故吸引大量女工入廠工作，1940年代抗日戰爭時期，該廠工人約達五六百人。順帶一提的是由於抗戰，日本封鎖了太平洋，所有從南洋出口的米，都不能進口澳門，必須經過日本軍艦的封鎖線，故此，澳門只能依靠中國大陸運來的穀物，當時香莊所設的和昌磨房不收分文將磨好的木薯粉分派予缺糧的貧苦大眾，也為當時的艱難歲月貢獻了力量。

至於企業管理方面，為改變長達百多年的家族管治方式，在 1970 年代，香莊進行了內部改革，由美國回來的家族成員引進現代企業的管理模式，如設立會議制度，無論是家族事務或企業經營，一切決議均按制度執行，免除產生執拗的機會，竭力保持家族的情感和諧融洽。

20 世紀初，澳門因喪失直接出口貿易，貨物需經香港轉口海外，陳聯馨香莊在香港設立陳聯馨棧以增加分銷點，並作為九八行（九八行即洋行，收取佣金）接訂單，其次是購買原材料，如購買澳洲檀香等等。

當年泗孟街（即現今十月初五日街）是商業繁盛的地帶，內地很多人來此區採購物品，如鹹魚、食品和洋雜等，陳聯馨香莊坐落於灣仔進入澳門境（內港十六號碼頭附近）的轉角位置，佔了十分有利的位置。據陳聯馨的老夥計

陳聯馨神香商標

憶述,當年來買神香的客人擠滿了店內,除了澳門人外,還有來自中山、石岐等地的客人,可能是品牌效應之故,也可能是中國大陸缺乏做香的原料,因原料來自印度、澳洲,但澳門則可以入口原料。此外,澳門漁民乃是另一大銷售客源,他們購買神香從不議價,捨得花錢。漁民都很敬奉神明,人很忠直,得到他們的信任,便會信到底,所以,澳門的漁業發達,連帶神香的門市生意也特別好。如檀香是價格昂貴的香,陳聯馨曾介紹漁民購買用檀香做的萬壽香,是中價的香,漁民反要更貴的香,如要一百元一盒的沉香,他們買香是不論價錢,一百元也不會嫌貴,他們認為買的香愈貴就表示愈虔誠。因他們出海作業帶有危

昔日位於田畔街五號的陳聯馨製香廠

險，故求神保祐他們平安和有所收穫，有沒有錢，都要燒香，漁穫大順，就會還神；當收穫少，就要祈求，又要燒香，所以他們在買香方面的消費支出很大。

經營逾百年的陳聯馨香莊，生產品種之多，可想而知，著名的有“上黃檀息香”、“龍涎盒茄香”等，號稱“可以延祥，敬神祀祖，氣味芳香”，特註明銷往“金山南洋各埠及中國南北各省”。至 1980 年代，澳門地產發展蓬勃，香莊在 1983 年將田畔街的廠房土地賣掉，結束澳門的生產工場，但維持出口及門市生意。由於神香業乃昔日澳門最重要的三大出口工業之一，故此，從葡萄牙派來的歷屆總督，在上任後，都會往陳聯馨香廠視察參觀。

梁永馨香莊

梁永馨香莊由來自新會合嶺的梁壽田於清末光緒年間（1875—1908 年）創辦，是一家經銷各類出口中藥和神香的老字號，老舖位於昔日康公廟大街，現稱十月初五日街，分店和生產工場分別設於火船頭街和大三巴正街，並在香港、廣州開設分店。工場設於鄰近大三巴的太陽里，是本澳 20 世紀初極具規模的大商號之一。梁永馨香莊如陳聯

位於敦善里的梁永馨香莊工場舊址

馨香莊一樣，早年已將生產工場遷入中國內地，現時大三巴街哪吒廟附近的大廈外牆上，仍清晰可見"梁永馨香莊"斗大的名字，多年前，太陽里的工場內，還放置着各式大型的製香器具。梁永馨香莊的神香及中藥，因品種不同而採用不同的商標和宣傳廣告，其中以"奪標貢檀香"、"老山檀香"、"西藏貢香王"、"龍涎香"、"茄楠萬里香"及"微煙香"最為人知。此外，梁永馨香莊非常注重廣告設計，無論在構圖、文字、人物肖像各方面，均富有時代氣息，在今天，這些印刷品除了具有極高的觀賞價值之外，已成為研究澳門民初藝術發展的重要資料。

李祥馨香莊

位於河邊新街七十號的李祥馨香莊，在 1914 年經已在澳門開辦，至今已由第三代接管經營。在此百年期間，不少香莊、香廠從全盛轉而式微，或出售，或撤離澳門，更多的是結業，而李祥馨香莊始終如一，以澳門作為老舖根據地，經營至今從未間斷，再過幾年之後，便成百年老店。最初，香莊開設在爛花園，即現今李加祿街。17 世紀的爛花園是一荷蘭人之私人物業，位置在河邊新街與下環

李祥馨神香商標

街之間，初時稱為新花園，宅園破落之後，廣闊的空地分別開設了李祥馨香莊、永生紙殼店、劉裕記紙殼店及人和悅酒廠。由於昔日在澳門開辦店舖，如只有兩三人經營的話，並不需要向政府作登記，故此，李祥馨香莊業務發展至 1924 年時，才正式向政府申請牌照，因此，單從政府商業登記記錄來看，香莊只成立了八十五年。香莊生產的各類神香遠銷東南亞各地及美國東西兩岸，即紐約和三藩市，並以華僑為主要銷售對象，直至今天依然沒有改變。第二次世界大戰期間，不少神香銷往外地並非一定作祭祀用途，因神香以中藥材製造，燃點後發出之氣味，可驅除蚊蟲及蛇蟲鼠蟻，適合開山開礦除瘴氣之用。另外一提的是，五六十年前，澳門的室內尚未安裝冷氣設備，一些澳葡政府人員已懂得往李祥馨香莊購買檀香，並放置在辦公室內燃點，在夏日炎炎之際，檀香發揮了安神作用，更有一些家庭婦女在小兒出水痘或痳疹，煩躁而哭泣時，燃點檀香，即可令患者寧神入睡，皆因檀香採用中藥材製造，發揮藥效之故。

福盛祥香莊

在 1920 年代，從內地來澳的李華順投身神香業，從學徒做起，晚上還兼職人力車伕，累積了一些資金，加上朋友的借款，然後在新橋渡船街七十八號開設了福盛祥香莊。由於大香莊及較小型的香莊各有各的客路，並不存在互相競爭的問題，故此，一般香莊只要僱請三幾個工人，加上家人，便可投入生產了。香舖初期在蓮溪廟前地曬香，1960 年代中，前地興建了籃球場，於是將曬香工場轉至當時仍是禁區的青洲，1970 年代中，香莊交由兒子打理，到 1980 年代，曬香工場轉入內地，而店舖亦於 1990 年代遷至橫樑里，經營範圍還包括售賣紙料，神香則主要作為批發。有別於其他香莊的神香產品，福盛祥香莊最擅長製造幾尺高的大香，在當年的澳門，這種大香並不多見。

一般造香工場

除上述老字號之外，澳門還有一些製造神香的工場，其經營方式是一方面自行創造品牌，另一方面接受客戶要求而生產，一般是在製香業興旺時期加入經營，例如位於沙梨頭海邊街的梁英記，以造木箱起家，後見木箱裝運漸被瓦通紙箱所取代，行業即將式微，於是在 1960 年代中改為經營造香工場，在店舖天台曬香，僱用一兩名新會同鄉作為長工，造香旺季時則招請散工，不設門市本銷，主要

大纜巷十一號的祥興隆 ，20 世紀中葉開始經營

銷路是來自香港香莊的定單,按照客戶印製的各式商嘜、不同品種的牌子包裝神香,成為外銷香港的神香生產工場。一直以來,神香都只在香莊及紙料舖出售,當超級市場的販賣模式在香港興起,加上其他店舖也加入大賣神香的行列,定購神香也不再局限於澳門,而轉往中國內地大量採購,使單靠代客生產形式而生存的澳門造香工場受到嚴重打擊,在定單日少的情況之下,這些造香工場都無奈相繼結業。

神香生產製造的過程

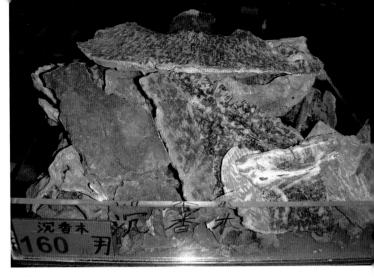

沉香木

神香的材料

製造神香的原材料，主要是香料、香粉、香膠、香骨、色粉及包裝紙等，這些原料大部分靠進口。

香料：神香所用的香料種類繁多，主要有沉香、檀香、玫瑰和貢香等。其性質及用途如下：

沉香多產自印尼、馬來西亞、越南、泰國、老撾、中國的海南島等地，是眾多香料中最貴重的一種。沉香之所以最昂貴主要因為沉樹產在深山，其實並沒有任何一種植物名稱為沉香樹的，它是熱帶常綠喬木的一種，這種樹會聚積樹脂成為沉香，所以一般人稱之為沉香樹。因有獨特香味，放在水中會沉，所以被命名為"沉香"。且沉香樹爛掉後，只可結幾塊沉香，數量很少，但市面需求量卻很大，搜購者眾，最後連沉香樹都還沒"結沉"時，已被整棵

雪梨香，乃產於澳洲雪梨或周圍南太平洋島國的檀香

砍下來，品質稍差的沉香，燃點後會帶有酸味、辣味，故須摻合中藥，聞起來才會覺得舒暢。沉香量小，產於深山之中，除了是神香製作原料之外，也是珍貴的中藥材，有降氣、納腎、平肝、壯陽的作用，主治胸腹痛、嘔吐、平胃，平哮喘，治小便閉塞，還有鎮痛安神的作用。在美容品工業中，是最主要的香味固定劑。在佛教中，是上等的雕刻材料，沉香木雕刻的唸珠、佛像等是珍貴的佛具，沉香製作的燻香不僅用於禮佛，還是參禪打坐的上等香品，而且是"浴佛"的主要香料之一。

檀香素有"香料之王"稱譽，向來受人們推崇，且以斤論價，其實它就是檀香樹的心材，出產自印度，其次來自印尼、美國、澳洲和葡萄牙等地方。檀香木伴隨着佛教傳入中國，已有一千多年歷史，信眾為了表示對佛的虔誠，不惜高價購買這種點燃起來異常芳香的小塊檀香木，作敬神之用，在印度，更是經常作為廟宇焚香之用及火葬時的高級燃材。最矜貴的印度檀香，稱為"貢香"，貢，進貢之意，最初是作為奉獻皇帝之用，或是富有人家才會點燃，但貢香亦愈來愈少了，因本來是樹木，成長期需要幾十年，產量少，需求大。其中以東印度出產的最矜貴，在1990年代，每擔售價為港幣一萬八千元，在物以罕為貴的規律之下，現在售價約達港幣六萬元了，而最重要的是印度的檀香並非售賣予製香業的，而是用於中醫、雕刻工藝品和高級化妝品上。

香粉：多來自新會、肇慶等地。首先把柏木的樹皮削下，然後曬乾，再磨成粉末。在製作過程中摻入少許名貴香料（中藥）辛夷，使其香味濃烈，稱為"料香"。平時敬神用香的主要原料是柳木磨碎製成，此外，還要摻入少許榆皮和火硝。

香膠：是由製香工人把香粉與水按一定比例混合後搓成的團狀物，並非由外地生產及輸入。香膠不能接觸空氣太久，以免風乾，故通常是在製香時才把香粉搓成香膠，稱為"上石"，香粉與水的比例十分重要，如果比例錯誤的話，所製成的神香便不能燃燒。

香骨：是一種竹枝，名為丹竹，以廣東出產的最普遍，如肇慶的廣寧，現在內地因為製香業大盛，香骨需求非常大，故有相當一部分竹子來自江西的贛州和福建的廈門。當工人把丹竹砍下後，用大刀把其削成枝狀，再運送到其他地方作製造神香之用。在製香時，通常還會把香骨染紅，也有加上一些金粉作點綴，使成品更加美觀。

色粉：神香的顏色多種多樣，常見的有黃、紅、黑和紫四色，它們皆由色粉調配而成。當工人將香粉搓成香膠時，只要加入適當色粉一同搓勻，便可製成有色的神香了。其中以沉香為香料的神香多為紫色，表示矜貴；普通的以檀香為香料，多呈黃色；以玫瑰為香料的，則多為紅色。

神香的品種

神香的品種分有：

條狀香：是市面上最常見的神香，又稱線香，以竹枝為心，外沾香粉製造而成，在一般的家居、廟宇等都用得上。主要由搓香或淋香等製作方法製成，直徑一般由數毫

長壽香

米至數十毫米不等。 常見直線形的燻香，還可細分為豎直燃燒的立香，橫倒燃燒的臥香。

　　大香：俗稱長壽香，外貌與普通的條狀香相似，但其直徑的尺寸則較條狀香大。此種神香大多是為特別的節日而製造的，例如：每年農曆年三十晚，人們均愛帶此香到廟宇內參拜。

　　玉香：又稱肉香，外貌與普通的條狀香相同，唯一不同的是此種神香的中間部分沒有香骨，在燃點時可以做到所謂的"一點到尾"，有好兆頭的象徵，亦免卻了需時處理燃燒後剩餘香骨的麻煩。

　　盤香：又稱環香，是螺旋形盤繞的燻香，可掛起，或

可掛起或用支架托起燻燒的盤香

懸掛在廟宇內燃點的塔香

用支架托起燻燒，有些小型的盤香也可以直接平放在香爐裡使用，是民間信仰中僅次於線香的常用之香。但環香較小，可放在供桌上使用，須用香柱為架，壓住環香內圈的一端。

　　塔香：又稱香塔，呈圓錐形，可說是玉香的轉型，大致可分為大塔香、七日塔、半月塔等，主要是由搾香的製作方法製成，可放在香爐中直接燃燒，在澳門則大多懸掛在廟宇內燃點，大塔香燃點時間可長達一個月之久，半月塔則可維持半個月。

　　以上所列的是數十年前已屬常見的類型，而近十年則以錐型香和臥香等種類較受歡迎。

製造神香的工具

當年的製香工具有：

搓香桌：是女工搓香時所需的一種工具，外形與普通的工作枱相似，以木製居多。工人製香時，把搓板擱在桌子上，製成的神香則放在桌子的間隔中。

搓板：同是搓香時所需的工具，有兩種尺寸，一種是擱在搓香桌上的，另一種則是附有手柄的。

水桶：在淋香時作盛水之用。

木桶：同在淋香的工序中使用，作用是把淋上香粉後的香骨壓實。

有孔鐵桶：是搾香時所需的一種工具。工人製香時，把香膠放進內，用力施壓，使香膠變成條狀。

神香生產製造的過程

神香生產實際上是全由人工生產的手工業。按其製作過程可分為三大類：一是搓香，二是淋香，三是搾香，完成這些程序後，便可將神香加工及包裝，然後出售。

　　搓香：又名挪香，是傳統製香的方法，多由女工負責。這種製法需要一枝一枝地製造，手工細緻，故其價格較高，是神香中的上價貨。多是先由男工拌妥木糠和香粉等，即是要生產哪個品種的香便取適當的原料，以一定比例混合，倒進盆中搓，有如做麵包一般，搓至一定黏度後，用竹枝加香膠，然後製香工人手持沾有膠水的竹枝，在放滿香粉香膠的板上不停搓動，直至竹枝沾的香粉達到一定厚度為止。這步驟最考工人的技巧，需要一定的經驗才可將其搓成一枝神香，在完成上述工序後，再經曬乾，製香的過程便算完成。由於搓香法是逐枝製作，非常花時間，生產量低，故售價較高，一名熟練工人約十餘秒製成一枝香，一天可生產約千多枝，若手藝好的工人，一人一天可完成四千枝左右。

　　淋香：這種製法，則與搓香法截然不同，是大量生產的方法，一般是由男工負責。每次多以一束為單位生產，所以起貨速度較搓香為快，生產率比搓香約高出十倍，且所需工人的勞動力也較少。製香工人首先把香骨放入一個盛滿水的大水桶中，使全枝香骨的八成濕潤，產生黏性，然後將預先準備好的香粉和膠粉用水混成漿狀，再將一束束的竹枝以人手執着前端，呈放射狀插入漿中，隨即取出，如是重複三次，此時竹枝所沾的香粉漿已達一定厚度，放到曬香場曬乾後，製香的工序便告完成。淋香雖可大量生產，惟質素遠不及搓香好，故只有中下價貨才用。淋香以擔斤計，產量達每人每天可製十至十二斤神香。有些商人將淋香當作搓香出售，但是行內人從香尾便可辨別出來，因為淋香沒有香尾，搓香則有（頂部呈旋狀）。

　　搾香：又稱繞香，主要的製成品是玉香和塔香，一般

正在搓香的女工

曬香工序需要天晴和大片空地

由男工負責。製香工人首先將香粉與水按一定比例混合成香粉糕，並搓成團狀，跟着把呈團狀的香粉糕放入"木頭搾"，即一個有孔鐵桶內（孔的大小視乎所製神香的粗幼而定），加壓使香粉糕從小孔中呈條狀擠出，沿着一個大盆而盤旋繞圈盛載。若生產玉香，工人便約每十英吋把其切斷；若生產塔香，工人則不將其切斷，改以人手圈成塔狀。待此工序完畢後，曬乾，便告完成。雖種類很多，且分大小、粗細和長短，但價格則主要取決於香料品質的優劣，例如梁永馨香莊生產的龍涎香（從抹香鯨腸胃的結石或排泄物所獲得，是最名貴的香）、茄楠萬里香（沉香中一個特殊的品類，"奇楠"是從梵語翻譯的詞，唐代的佛經中常寫為"多伽羅",後來又有"伽藍"、"伽南"、"茄楠"等名稱。"茄楠香"除沉香木外,並以冬蟲草、蒼朮、當歸頭、甘草、桂皮等作為息料,研成粉末後合成,天氣潮濕時燃點可辟霉氣)、貢品茄楠香、極品硃砂香、貢檀上息香、五彩丹桂香等均用上等香料,精工製成,這些當然是上等價貨,而用一般香料及香粉製成的則是下等價貨了。

無論何種製香法,最終均要經過曬香這一工序,如果在風和日麗的季節,一般曬一至兩天便完成。有些品種則需要在未出售前染色和包裝,然後才推出市場售賣。

香業工人的生活

19 世紀末期,澳門神香業發展已非常蓬勃,清光緒二十四年(1898 年),澳門十八家香莊聯合組成了"同益堂",共同制定行規,這是澳門神香業首次組成的行會,特為維護東主的長遠利益。這十八家香莊的名號依次有:梁永馨、永馨棧、陳聯馨、聯馨棧、二福號、二福棧、馨棧、陳天祥、大安祥、永福號、恆盛號、吉祥號、一心齋、平安齋、保平安、聯福號、同盛號、五福號。

而在厚達十一頁的"同益堂行規部"內,除了對私造偽貨訂定了嚴厲的處罰措施（罰銀一百大元）外，也統一了出售神香的規格、價目（如幼黃香每札限重十二兩半至十三兩，沽價貳分四……）及做香工人的工資（如：滿尺香每仟工銀壹分七厘……），其中對僱用工人方面，更作出了規定，例如：〝同益堂行內各號學師幼童例以三年對週為滿師，任他尋工自主。如未滿師逃往別號做工，惟我同益堂行內各號永不得請他。……〞從行規部所設規定可見當時僱用制度的嚴苛，而且有大量年幼男孩投身神香業當學徒學師，足以證明當時不少人視神香業為穩定及具前途的終身職業，也證明了當時社會人浮於事的嚴重情況。有趣的是，根據澳門統計資料，1920 年香業女工佔該行業整體五成半，1923 年大約佔百分之四十四，與 1898 年僱用男孩為學徒，起了極大的變化，間接說明有更多的女性投入勞動市場。

到 1930—1940 年代，澳門的神香業發展非常蓬勃，為應付需求，故大量僱用婦女，這也是由於工作操作簡單，兼且工資較低，只有一些需要較大勞動力的工種，才僱用男工。女工多負責搓香，每天約可搓五至六斤神香，大概一千至二千枝，在可兼顧家庭的情況之下，不少家庭主婦走進製香廠從事搓香工作，因此，這時候的神香業工人多

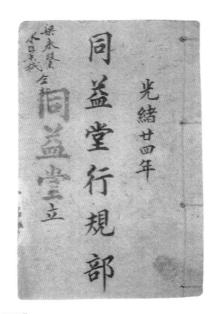

清光緒二十四年組成"同益堂"

是年紀較大的女工，而工資是計件制，即搓香以千枝計。
當時的管理方式又比 1898 年成立"同益堂"時期大有改
進，如陳聯馨香廠不規限上、下班時間（採用彈性處理），
故吸引大量女工入廠工作，1940 年代抗日戰爭時期，該廠
工人達五六百人之多。

　　1950 年代初期，越南因受戰事影響，美國則實施禁
運，限制神香入口，新加坡銷量又減少，此種情況對澳門
的製香業打擊非常大。進入 1952 年，整個行業即陷於半
停頓狀態，搓香工人不少淪為乞丐，半失業的每日收入只
得一元數角，過的是非人生活。廠方亦艱苦經營，不斷尋
找出路，已有數十年歷史的祥興隆香莊，亦因無法維持，

某碍请他须代担当支長舊東之

銀亥回舊東以東家辞律武有

支長工銀毋得尚误律反囘以兴尝

论也

一議同益堂行肉各碍學師初臺倒以

三年對週爲滿師住他尋工自主

以未滿師逃往别碍傲工惟我同益

堂行肉各碍永示得请他以有绢

"同益堂行規部"部分規定

鋪中貨物凡我同蓋堂內人等如有
私相授受或寫賬或私買等情公議
罰銀拾大員係私買者出歸罪人
確據者得銀五員舉堂得銀五員
以照辦約之公也

一議　同蓋堂行內各號而清做真工伴
或有支長工銀或因犯鋪規兩革出
者或自告而往別號凡我同蓋堂內

只好結束在澳業務，遷往香港。到 1959 年，澳門神香工人約有兩千多人，其中百分之九十為搓香女工，1972 年只有四百五十人，1978 年有一千二百人，1979 年有一千一百人，1980 年有一千四百人，1985 年有三百人。與此同時，由於不少香莊結束了在澳的生產工場，製香業經已徹底失去了澳門經濟支柱的地位。

　　由於神香需要長時間暴曬，工人收入多寡受天氣變化影響很大。根據 1980 年的澳門政府統計顯示，製香業工人平均工資為專業工人八百元，普通工人六百元。

相關行業

昔日拜神必伴隨香燭

澳門蠟燭製作業

　　澳門的蠟燭製作業，早期依附於神香製作業，生產拜祭用的"土燭"。戰後，土燭生產逐漸衰落，開始轉向生產供出口的"洋燭"。1930 年代此行業較盛，如 1935 年製燭廠有四家，包括氹仔一家。1980 年代時，澳門尚有三至四家生產土燭的工場，為紙料舖供應蠟燭，到 1980 年代末，就只剩下一家了。不過，也有些紙料舖會自行製作蠟燭出售的。生產"龍鳳禮燭"作為本銷的利潤較好，最大的主顧是漁民，在舉行婚禮等喜慶場合使用。大號燭多售予廟堂，小量則以香港的華人為銷售對象。龍鳳禮燭分行稱和明稱兩類，規格以每對重量計，前者有二兩、四兩、六兩、八兩、十二兩、一斤以至兩斤等多種，行稱所標的

從前華人結婚時必使用龍鳳禮燭

重量是不足斤兩的，價格較為便宜，明稱重量斤兩足，價格則比行稱貴一倍。漁民最喜兩斤或一斤一對的禮燭，因燭身可寫上大大的"白髮齊眉"好意頭字句。禮燭由龍燭及鳳燭合成一對，龍燭代表新郎，鳳燭代表新娘，購買龍鳳禮燭時要特別講究禮燭的長度，兩者長度必須一致，喻意長命，若長短不一，則燃燒時，其一先滅，代表兩人不能白髮齊眉，同偕到老。六兩、八兩重的禮燭多作禮佛拜神及拜祭祖先之用，因有代表光明之意。四兩重的稱為龍燭，流行在過年和神誕時燃點，至於二兩或一兩重的則稱為花六，燭身幼而短，只用油性色粉在燭身部分撒兩下便告完成。龍鳳禮燭可以說是中國手工藝的一種，具有濃厚的民俗色彩，但隨着婚俗的改變，龍鳳禮燭的需求已大大減少，甚至被其他禮儀所取代了。

澳門紙紮業

　　澳門的紙錢、紙紮祭品，生產規模較神香業小得多，而且一向是小本經營，手工製作，其共通之處是以燃燒作為祭祀方式。在澳門，一般通行的紙祭品大致包括有元寶、壽金、金銀衣紙、乞巧節和盂蘭節時所燒的衣紙以及醮會用的紙紮祭品等。當時規模較大的紙廠有位於提督馬路的南洋紙廠和青洲的大眾紙廠，主要業務是生產炮竹紙殼，此外，也製造元寶、壽金和金銀衣紙用紙，成品交予本地的紙料舖，由他們再行加工本銷。這些用原始的傳統方法，用手工和半機械製作而成的低檔紙料，稱為土紙，元寶因用作祭祀時燒的，故又稱萬金紙，其紙質較粗糙，

經營元寶冥鏹的紙料舖的宣傳廣告

經營龍鳳禮燭和紮作的文具紙料舖的宣傳廣告

當要做成元寶形狀時，需要屈成窩狀，在屈起之處以人手
將紙拗曲而不拗斷（不可用刀切，用刀易將紙切斷，而平整
細薄的切口，既不能塗上漿糊也不能將紙做成窩狀），因拗
曲位置的紙只是裂開而未斷，可塗上生熟漿糊，使層層紙
張黏合成屈曲的元寶狀，要是漿糊的黏度不當，如過稠或
太稀，便會使元寶過硬或太軟，影響元寶的燃燒。

　　金紙是象徵金幣的衣紙，價值最高，用於祭祀神明，銀
紙代表除魔或消災，用於祭拜祖先及孤魂野鬼。拜祭時燒金、
銀紙代表誠心敬意，也為祈福消災。金紙和銀紙的製法是先
由紙料舖的女工將土紙裁剪成方形，而金銀衣紙的銀紙，
紙是白色，貼上的銀箔，原料是錫，其製作過程先由兩名
女工各持一木槌，面對面交替用槌將錫粒不斷槌打成為
錫箔，以極薄的膠水輕掃於錫箔上，然後貼在白紙上；至
於金紙，則用淺黃色土紙，紙張中央的所謂金箔，仍是銀
箔，之後把水煮沸，放入槐花米和月石（硼砂）成塗料，用
掃帚掃在銀箔上，銀箔會轉呈金色，金紙就此大功告成。

農曆七月初七為七夕，也稱乞巧節或七姐誕，相傳是牛郎織女雙星相會之日，民間有拜七姐習俗，必備祭品有七姐盤、七姐衣、牛郎衣、七彩色紙等。農曆七月盂蘭節超渡眾生，市民會在街上燒衣，燒紙包括溪錢、金紙銀紙、元寶等。農曆七月的兩個傳統節日乞巧節和盂蘭節均以燒衣紙作為主要祭祀儀式，這些彩色衣紙多以萬金紙（土紙）作為原料，分別將紙張以染和浸一整晚，待顏色滲入紙內而成，前者以顏料加水泡染，後者則將紙張以小竹枝掛起浸色而成。

至於紙紮品，除紙紮燈籠的用途較廣之外，其他紙紮品多是用於祭祀上，即以竹篾和彩紙紮成物品的外殼形狀，然後將紙張按不同需要作出剪裁，再糊在竹篾上，成為類似現實所用的生活物品和奢侈品。這些紙祭品通常是以燃燒的方式傳送給先人，供先人在陰間使用，其中還有在盂蘭節或澳門漁民崇敬的朱大仙打醮時，必備的紙紮大士王像；六七十年前澳門的舉殯行列為首的開路神像及紙紮仙人；打齋時放在家門前的大士像等。這些紙紮祭品因要求尺寸不同、工藝複雜，大多需要找專門的紮作師傅訂製。

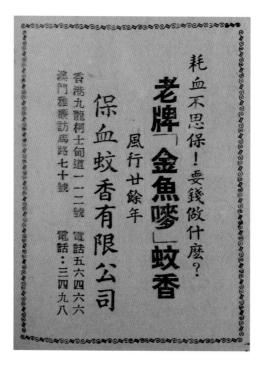

1960 年代初期保血蚊香有限公司的宣傳廣告

澳門蚊香業

1930 年代初期澳門經已成立蚊香製造廠，更是當時的重要工業之一，計有保血、多寶及廣永興三間，共僱工人 500 名。燃點蚊香，其味可以驅蚊，多出口往泰國、新加坡、越南、印尼、美國、古巴及少量銷往馬尼拉。當中以沈香林開辦之保血蚊香有限公司最具規模，其廠址即現今

雅廉坊馬路與俾利喇街交界的香林新村（以其名字命名）、
幸運閣一帶，驅蚊用蚊香到 1960 年代時，因改向非洲等處
採購原料，而其價格日漸高漲，加上日本生產的蚊香大量
傾銷，重重打擊了澳門的蚊香業，唯一的保血蚊香有限公
司卒因生意不濟，無法經營，於 1964 年 12 月 31 日結業。

主要參考書目

《中華民俗大全‧澳門卷》,《中華民俗大全‧澳門卷》編委會,2003 年

黃啟臣、鄭煒明:《澳門經濟四百年》,澳門基金會,1994 年

吳志良、楊允中主編:《澳門百科全書》,中國大百科全書出版社,1999 年

黃啟臣:《澳門通史》,廣東教育出版社,1999 年

《澳門指南》,澳門經濟局,1927 年,1932 年

黎小江、莫世祥主編:《澳門大辭典》,廣州出版社,1999 年

《華僑報經濟年鑑》,《華僑報》,1983 年

《澳門工商年鑑》,《大眾報》,1952—1969 年

石寶玲、吳衛鳴:《鏡海遺珠》,1999 年

《紅藍史地》,第八期,1999 年

《澳門雜誌》,第二十一期,2001 年 4 月

吳焯:《漢人焚香為佛家禮儀說　兼論佛教在中國南方的早期傳播》,《文化雜誌》,中文版總四十四期,2002 年